AF497897

La République

de l'Azerbaïdjan

du Caucase.

1919

Les Frontières de la République de l'Azerbaïdjan.

I. — LA FRONTIÈRE SEPTENTRIONALE

La frontière septentrionale de l'Azerbaïdjan part de l'endroit où le fleuve Tcholock se jette dans la mer Noire (confins de la Géorgie). Elle remonte le long du fleuve jusqu'à la chaîne de l'Adjar.

En suivant cette dernière vers l'Ouest, elle passe ensuite vers les sommets du Khino (8.522 pieds), du Tochnaour (8.735 pieds), de la Gotimeria (8,769 pieds), du Sallar-Dag (8.162 pieds), du col de Zekar, du mont Nagueba et atteint la cime du Sagalatlobachi (8.141 pieds).

De là elle descend vers le Sud-Est en suivant le Keïda-Sou, affluent de la Koura. Traversant ce fleuve, elle se dirige, le long de l'affluent Tisselba, vers le sommet du Tchitis-Kibé (8.554 pieds), suit la ligne de partage des eaux des affluents de la Koura, descend dans la direction du Sud jusqu'au fleuve, près du village d'Akhachen ; puis, toujours vers le Sud, elle longe la Koura jusqu'au village de Kourtanakev.

La frontière se dirige alors vers l'Est par la ligne des anciennes divisions administratives : arrondissement d'Akhalkalak, territoire de Kars, arrondissement d'Alexandropol et gouvernement d'Erivan, passe par les sommets des monts Ghek-dag (9,152 pieds), Outch-Tapalar (9,783 pieds), Ortoul-dag (8,030 pieds), Okiouz-dag (8,018 pieds) et Ak-tchala (10,500 pieds).

De ce point, elle remonte vers le Nord en suivant la ligne de l'ancienne division administrative entre les arrondissements d'Akhalkalak et de Bortchalou, puis les sommets des monts Emlikli (10,017 pieds), Agrikar (9,765 pieds), la chaîne de Davakran et arrive au sommet du mont Dali-dag (8,624 pieds).

De ce point elle prend la direction de l'Est, passe par les sommets des monts Iniak-dag (6,636 pieds), Boulak-dag (6,317 pieds) et va jusqu'au village d'Alexanderhilf.

Au delà de ce village, la frontière longe la rivière Khram jusqu'au village

d'Aroukhlo et par les sommets de la Grande Tkiatam-tapa, en direction du Nord-
Est elle va parallèlement à la ligne de chemin de fer Alexandropol-Tiflis sur une
longueur de trois verstes à l'Ouest, la croise, ainsi que plus loin la ligne du
chemin de fer Tiflis-Elizabethpol, à 6 kilomètres de la gare de Navtlong.

De là, la frontière revient vers l'Est et passe par les sommets des monts
Kara-Dara, Sari-iar, Karavan-Tapa, Naomari (3,185 pieds), les villages de
Mouganlo et de Toullar (sur la Yora), le sommet du Lambeli (2,537 pieds), la
chaîne de Katari, le sommet du Mliatis et enfin par les monts de Bilenta (3,052
pieds) et Nikoratsikha (3,290 pieds). Puis, remontant vers le Nord, elle atteint le
confluent du Taran-Kobou et de l'Azan après avoir traversé le village Kara-Akatch.
Toujours dans la même direction elle suit le cours des rivières Taran-Kobou,
Abjit, Mazim-tchaÿ jusqu'au sommet du mont Tinov-Rosso (11,104 pieds).

De nouveau elle retourne vers l'Est (frontière de la République du Caucase
septentrional) et va de la chaîne principale du Caucase au sommet du mont
Gouton (12,005 pieds). Puis elle redescend de la chaîne principale du Caucase
vers le Nord-Est en suivant les montagnes secondaires qui forment la ligne de
partage des eaux en amont des rivières d'Avar-Koïsou, du Kara-Koïsou, de
Kazikoumoukh-Koïsou d'un côté et celles de Samour, de Tchirak-Tchaÿ et d'Oulou-
tchaÿ de l'autre, passe par le col de Kalanker-Katz (11,480 pieds), le mont
Khachkharva (13,083 pieds), le col de Lakazani (11,961 pieds), la chaîne Dolti-dag
et les monts Viralgou (12,611 pieds), Noussar-dag (12,270 pieds), Alakhoun-dag
(12,629 pieds).

Finalement, elle remonte vers le Nord, traverse la rivière Oulou-Tchaÿ, à
deux kilomètres au sud du village de Itsari et, suivant la ligne de partage des
eaux des rivières sus-mentionnées jusqu'à la cote 2,108, elle tourne vers l'Est et
atteint la mer Caspienne à 20 kilomètres au sud de la station de Bouïnakh sur
la ligne du chemin de fer Bakou-Petrovsk.

II. — LA FRONTIÈRE ORIENTALE

A vingt kilomètres au sud-est de la station de Bouïnakh la frontière est
formée par la mer Caspienne jusqu'au bourg d'Astara (Caucase), près de
l'ancienne frontière russo-perse.

III. — LA FRONTIÈRE MÉRIDIONALE

A partir d'Astara (Caucase) cette frontière confine à la Perse jusqu'au
point d'intersection des anciennes frontières de la Russie, de la Perse et de la
Turquie ; ensuite elle suit l'ancienne frontière russo-turque jusqu'au cap Kop-
Moukh, dans la mer Noire.

IV. — LA FRONTIÈRE OCCIDENTALE

Du cap Kop-Moukh jusqu'à l'embouchure du Tcholokh la frontière occidentale de l'Azerbaïdjan suit le bord de la mer Noire.

V. — LA FRONTIÈRE DE L'ARMÉNIE DU CAUCASE

La frontière terrestre de l'Azerbaïdjan avec l'Arménie commence au sommet du mont Aglagan (9,833 pieds), dans la direction de l'Ouest, traverse la chaussée Alexandropol-Alkhalkalak, à 18 kilomètres au sud de la station de Kizil-Kotch (village Ghulli-Boulag) et se dirige vers la rivière Arpa-tchaï vis-à-vis du village de Dag-Kepri.

Elle descend alors vers le Sud en longeant l'Arpa-Fihuï jusqu'au village de Ghiasso-Kourdassi, situé à 2 kilomètres au nord-ouest de la petite station de Karakouli, puis se dirige vers l'Est jusqu'au sommet du mont Kara-Keïnah (9,917 pieds).

De là, elle longe l'afffluent de la rivière Abaran vers le Sud-Est jusqu'au village de Zeïna, à 5 kilomètres de la ligne de chemin de fer Tiflis-Erivan ; ensuite elle prend la direction de l'Est suivant une ligne parallèle à la même ligne de chemin de fer jusqu'au village d'Agbach, situé à 7 kilomètres au nord de cette même ligne.

Longeant la rivière Garni-tchaï elle remonte au Nord-Ouest, passe par les sommets des monts Ag-dag (10,906 pieds), Kara-Kaïa (11,178 pieds), Guzal-dara, prend la direction de l'Ouest et atteint le village de Zagalou sur la côte Est du lac Goktcha.

La frontière de l'Arménie du Caucase traverse le lac en ligne droite jusqu'au village de Seméonovka et, en suivant l'ancienne division administrative des gouvernements d'Elizabethpol et d'Erivan, arrive au sommet du mont Beche-Kekchmaze (point commun d'intersection des limites des gouvernements d'Erivan, d'Elizabethpol et de Tiflis), se tourne vers le Nord suivant la ligne des divisions administratives des gouvernements d'Elizabethpol et de Tiflis jusqu'au sommet du mont Chimal (3,465 pieds).

Enfin cette frontière descend vers le Sud-Ouest en passant successivement par les monts Shakh-Alham, Shakh-Takhte, Lialvar, Ledjan et aboutit au sommet du mont Aglagan, frontières des deux Etats : Azerbaïdjan et Arménie.

Cette région, à cause de l'abondance des gaz renfermés dans son sein se nommait anciennement : *Pays des feux éternels* ou encore : *Mines de feu*, et c'est de là que vient le nom d'*Azerbaïdjan* ou *Azeristan*, dérivé de l'ancien mot persan *Azerpatigan*. Remontant jusqu'aux siècles les plus reculés, ce nom est confirmé, non seulement par les données historiques, mais également par la puissance effective de ces feux éternels qui, dans la région de Bakou, capitale de l'Azerbaïdjan, démontrent mieux que ne sauraient le faire tous les parchemins des annales humaines, l'origine du nom de l'*Azerbaïdjan* (Azeristan). Ce pays subsista, comme ses feux, en dépit de toutes les vicissitudes de la fortune qui amenèrent tant de bouleversements dans sa vie politique, sociale et économique. Il vit sur ses champs des conquérants fameux depuis Alexandre le Grand, roi de Macédoine, jusqu'à Tamerlan ; les Arabes, les Perses, les Turcs-Osmanlis et d'autres. Ces perturbations ont forcément produit de profonds changements dans la composition territoriale et ethnique de l'Azerbaïdjan. Une partie du pays fut, par la force des armes, annexée à la Perse, tandis que l'autre resta géographiquement dans les limites du Caucase, circonstance qui eut un rôle important dans le sort ultérieur de la partie caucasienne de l'Azerbaïdjan.

Les Khanats indépendants.

Cette région resta très longtemps, comme elle l'était auparavant, tout à fait indépendante au point de vue politique. Au XVIIe siècle, elle formait des Khanats indépendants dont une partie, sous la pression des événements, reconnaissait parfois la souveraineté des Schahs de Perse alors tout-puissants, ce qui n'empêchait pas les Khans d'être souvent en guerre avec cette même Perse, ainsi qu'avec la Turquie, la Géorgie et, enfin, la Russie.

Ces guerres avaient le plus souvent un caractère défensif et se faisaient surtout dans le but de défendre l'indépendance des Khanats de l'Azerbaïdjan du Caucase. Sous ce rapport, leur lutte devint particulièrement acharnée lorsqu'un danger sérieux commença à les menacer de la part de la Russie. Cette dernière ayant affaibli la Perse et la Turquie par des guerres perpétuelles et reçu dans son sein la Géorgie, qui s'y jeta croyant y trouver le salut, visait à la conquête du Caucase et à l'asservissement de tous les peuples dont il était habité.

<u>Leur chute.</u> L'histoire de cette contrée abonde en épisodes héroïques, où les petits Kanats, armes en mains, avançaient avec ardeur contre les régiments russes, et abreuvant du sang de leurs fils le sol natal, défendaient bravement leur indépendance. Ils la soutinrent jusqu'au commencement et même durant le premier quart du XIXᵉ siècle. A ce moment les Khanats indépendants succombent les uns après les autres et, en 1813, les Kanats de Karabah, Gandja, Chaki, Chirvan, Derbent, Kouba, Bakou et Talich sont annexés à la Russie, et, en 1828, ceux d'Erivan et de Nakhitchevan.

Avec la perte de leur indépendance, tous ces Kanats, à mesure que s'affermissait la domination russe et par suite des tendances manifestement russificatrices du gouvernement, virent peu à peu se relâcher les liens qui les réunissaient aux autres parties de la contrée des feux éternels. Le nom d'Azerbaïdjan n'appartint plus qu'à la province persane voisine, avec la ville de Tauris comme chef-lieu.

Partageant arbitrairement le territoire annexé, changeant les noms antiques des villes et des contrées — par exemple celui d'un aussi grand centre de l'Azerbaïdjan

caucasien que la ville de Gandja, nommée en l'honneur
de l'Impératrice russe : Elisabethpol — taillant en général
le territoire, effaçant toute trace manifeste d'une récente
liberté nationale et politique, le gouvernement russe ne
s'abstint pas même (en dépit des données évidentes de
l'histoire, de l'ethnographie, de la langue et de la littérature du pays) de changer le nom des habitants des
Khanats annexés, en les baptisant : *Tatars Caucasiens,
Musulmans du Caucase*, ou simplement : *Musulmans*.

Ethnographie.   Il va de soi que ladite population n'en cessa pas
moins d'être un peuple d'origine turque, comme elle l'est
encore de nos jours ; cependant, vu le peu de développement et l'absence totale d'investigations dans le domaine
de l'histoire et de l'ethnographie du Caucase et notamment de l'Azerbaïdjan alors ignoré du monde scientifique,
l'opinion erronée du gouvernement russe au sujet de la
composition ethnographique de cette population fut offi
ciellement sanctionnée. Les habitants des anciens Khanats,
turco-musulmans sont actuellement connus sous le nom
de *Tatars du Caucase* malgré leur origine dont la meilleure
preuve est l'analogie des langues, mœurs, coutumes, des
croyances et des traditions. Le même fait a été démontré
par l'historien français M. Léon Cahun ainsi que par
M. H. Vambery, savant hongrois bien connu, et d'autres.

Narrant les exploits, en Azerbaïdjan, du fameux
conquérant de l'Asie, Tamerlan (ou Temir-Liang, ce qui
signifie Timour le boîteux), M. Léon Chahun dit :
« L'Azerbaïdjan, pays turc par ses habitants et sa langue
depuis un temps fort reculé, s'est volontairement soumis
à Timour. »

M. H. Vambery, touchant à l'ethnologie de l'Azerbaïdjan, trouve qu'il serait difficile de démontrer à quelle

époque et de quelle manière l'élément iranien a pu être évincé du territoire d'Azerbaïdjan.

Cette question reste à résoudre. Nous citerons, cependant, quelques faits :

En Azerbaïdjan, dans sa partie persane, aussi bien qu'au Caucase, ou plutôt en Transcaucasie, la population est composée de Turcs, parlant un dialecte turc appelé *azerbaïdjanien*, qui possède sa littérature, sa poésie nationale, ses traditions et sesmythes. Les deux principales doctrines de l'Islam y sont professées [1].

Au point de vue de la culture intellectuelle l'Azerbaïdjan, tout particulièrement dans la contrée persane, a subi la profonde influence de l'ancienne littérature persane, dont les coryphées sont Ferdousi, Hafiz et Saadi, que les Azerbaïdjaniens aiment encore à citer de nos jours. A la longue, au fur et à mesure de l'affaiblissement de la puissance de la Perse, de la décadence de sa culture sociale, d'une part, et d'autre part grâce à la propagation, toujours croissante de la culture russe, ainsi qu'à la conscience naissante de son propre caractère national, l'Azerbaïdjan vit disparaître les liens qui l'unissaient à la Perse.

Jetons maintenant un coup d'œil sur cette partie de l'Azerbaïdjan qu'il serait juste de nommer, géographiquement parlant, *Azerbaïdjan du Caucase*. Nous ne toucherons pas à l'Azerbaïdjan persan, auquel nous envoyons, nous, Azerbaïdjaniens du Caucase, nos souhaits de bien-être et d'organisation sociale et politique basée sur des fondements de liberté politique et individuelle, sous l'égide de l'Iran, autrefois puissant et cultivé.

<hr>

(1) Schéïtes et Sunnites.

II

Population indigène de l'Azerbaïdjan. - *Ses* rapports
avec l'ancien Etat *russe.*

La domination
russe.

D URANT la domination russe au Caucase, les Azerbaïdjaniens indigènes furent comparativement aux
autres peuples de cette contrée, les plus exposés aux
persécutions. Tandis que leurs voisins, Géorgiens et
Arméniens, ont leurs écoles nationales, leurs églises, leurs
propriétés, leur presse en langue maternelle, diverses
sociétés de bienfaisance, etc., tout est interdit aux Azerbaïdjaniens. Dans les cas très rares où une autorisation
est accordée, elle est présentée sous une forme si rebu-
tante qu'elle en perd son sens moral.

Il suffira de dire que la langue maternelle était presque
supprimée dans les écoles. C'est avec le même sans-gêne
que le Gouvernement russe se comportait à l'égard du
clergé musulman. Affectant une considération exagérée
envers les prêtres et l'Eglise russe, il maltraitait le clergé
musulman dont les cadres, sans exclure les hauts digni-
taires, tels que le mufti ou le scheïkh-oul-islam, étaient
formés de prêtres choisis parmi les plus ignorants ou souvent même d'illettrés, qu'on rétribuait misérablement.

Les biens des mosquées étaient soumis à la juridiction
des fonctionnaires. Il était expressément défendu de bâtir
des mosquées sans l'assentiment du clergé orthodoxe. En
un mot, les Russes, tout en accusant de fanatisme les
musulmans, se montraient beaucoup plus fanatiques que
ceux-ci.

Pour ce qui est des organisations publiques, nous ne

dirons que ceci : ce n'est qu'en 1905 qu'on obtint du Gouvernement russe le droit de fonder, à Bakou, la Société musulmane de bienfaisance. La presse périodique, les livres, les théâtres, tout était en butte aux persécutions et exposé aux cruautés de la censure des fonctionnaires russes.

Malgré tous les obstacles, les Azerbaïdjaniens ne pouvaient, comme bien l'on pense, rester insensibles aux grandes idées de liberté civique, religieuse et politique venues de l'Europe occidentale et se propageant en Russie dès le début du XIX⁽ᵉ⁾ siècle. Depuis 1860, ces idées avaient conquis les esprits des classes intellectuelles de la Russie, aussi bien que ceux des autres peuples soumis à l'Empire.

Il était clair que pour être en communion intellectuelle par les bienfaits de ces grandes idées il fallait avant tout se connaître soi-même (γνωθι σεαυτον), étudier sa nation, son histoire, sa situation actuelle, ses besoins, ses idées et son idéal.

La conscience de ce devoir raviva tous les moyens et toutes les ressources intellectuelles. On esquivait les défenses et les obstacles dressés par la Russie officielle. En effet, dans le courant des derniers cinquante ans, apparaissent des hommes de lettres, des poètes, des dramaturges, des publicistes et des hommes politiques dont beaucoup ont fait des études supérieures dans les Ecoles et les Universités, tant russes qu'étrangères. La question ethnographique est mise à l'ordre du jour. On rédige des projets de création d'écoles nationales ; on élabore le programme de l'enseignement de la langue maternelle, de la littérature et de l'histoire du peuple. On traduit les meilleures œuvres étrangères, on compile des chresto-

mathies et des manuels. On édite des œuvres scientifiques,
sociologiques, ainsi que l'histoire de la littérature des
peuples étrangers ; des revues périodiques paraissent, des
journaux permettent aux Azerbaïdjaniens de savoir ce
qui se passe chez leurs contemporains civilisés.

III

Seim et Gouvernement transcaucasiens - Leur impuissance et leur chute.

Proclamation de la République de l'Azerbaïdjan

Gouvernement transcaucasien.

COMPTANT sur ses forces intellectuelles et matérielles,
le Conseil national proclama, le 28 mai 1918, la
République indépendante de l'Arzerbaïdjan.

Les événements qui précédèrent cet acte, important
pour l'Azerbaïdjan du Caucase, étaient provoqués par
la débâcle sociale et politique russe et l'usurpation du
pouvoir central par les bolcheviks. D'autre part ils étaient
le résultat de la situation où se trouva tout le Caucase
et notamment la Transcaucasie à la suite de l'abandon
subit de cette contrée par le Gouvernement russe qui y
avait régné jusque là.

Depuis le premier jour de la révolution russe, de
février 1917 jusqu'aux 25-27 octobre, où le pouvoir
suprême passa aux mains des bolcheviks, ce pays fut
gouverné par le Comité spécial de la Transcaucasie dont
le personnel avait été choisi par le Gouvernement provi-

soire de MM. Lvoff et Kerensky, et formé d'anciens membres de la 4ᵉ Douma, à raison d'un par nationalité (Russe, Géorgien, Azerbaïdjanien et Arménien).

En octobre, le pouvoir fut accaparé par les bolcheviks, ce qui ne fit qu'accroître le désordre dont les conséquences furent funestes à tout le pays. Une de ces circonstances fut l'arrêt complet des communications entre le centre et les extrémités de la Russie.

Le Caucase et la Transcaucasie se trouvèrent absolument isolés, non seulement de Pétrograd et de Moscou, mais de toute la Russie.

Livrés ainsi à eux-mêmes, les peuples de la Transcaucasie, par l'intermédiaire de leurs représentants, s'unirent dans le but de créer un pouvoir unique pour toute la contrée, muni de la plénitude de pouvoirs législatifs, judiciaires, administratifs et financiers.

A ce même moment fut institué à Tiflis un ministère dont faisaient partie, sous le titre de *commissaires*, les représentants de tous les peuples transcaucasiens (Géorgiens, Azerbaïdjaniens et Arméniens).

Le Gouvernement décréta indispensable la convocation de l'Assemblée représentative (ou Seim transcaucasien) composée de 132 membres. Au nombre de ces derniers, il entrait plus d'Azerbaïdjaniens que d'autres, en raison de leur majorité dans la région.

Le Seim se composait de : 1° tous les représentants des dites nationalités, élus par le suffrage universel suivant la loi électorale de l'Assemblée constituante de toute la Russie ; 2° le triple du nombre de députés du pays à la dite Assemblée, ceux-ci élus par les organisations nationales et les partis politiques de chacune des nationalités.

Le Seim avait à sa tête un bureau de trois membres (un pour chacun des peuples).

Le 9 avril 1918, l'Assemblée proclama l'indépendance du Caucase et forma de l'Azerbaïdjan, de l'Arménie et de la Georgie, une République fédérative.

La création de cette confédération fut, au début, acclamée par tous les peuples transcaucasiens. Ils espéraient qu'étant unis par la nature elle-même et par tant d'intérêts analogues, tout particulièrement dans la sphère économique, les Transcaucasiens sauraient *(viribus unitis)* organiser également pour le mieux leurs affaires politiques.

Cependant leur Gouvernement d'alors fit preuve d'incapacité dans l'œuvre de l'administration de la contrée et de manque d'équité dans la défense des intérêts de toutes les parties de la Transcaucasie. Il se montra inhabile et incapable de soumettre les intérêts nationaux et ceux des partis politiques aux intérêts communs à toute la région. Tout cela fit bientôt naître un juste mécontentement à l'égard du dit Gouvernement, voire de la République elle-même.

Ce furent les Azerbaïdjaniens qui protestèrent le plus, car la constitution de la République coïncida pour eux avec toute une série de fléaux s'abattant sur leurs têtes. C'est à ce moment-là que la population azerbaïdjanienne fut, en maints endroits du Gouvernement d'Erivan, en proie aux attaques des troupes arméniennes qui, massacrant dans certaines contrées tous les musulmans, sans merci pour les vieillards, les femmes et les enfants, brûlaient ou infestaient des centaines de villages.

Sourd aux demandes et aux protestations des représentants azerbaïdjaniens du Seim, le Gouvernement ne prit aucune mesure active. Son attitude fut encore plus

incompatible avec la situation générale de toute la
Transcaucasie, lors de l'envahissement de Bakou et de
presque tout le district par les bolcheviks.

Les représentants azerbaïdjaniens du Seim, adressèrent des demandes instantes de secours, pour la ville de
Bakou et sa région, mais la majorité des membres du
Gouvernement fit la sourde oreille ou se contenta de
belles phrases politiques.

Il va de soi que cette faiblesse du Gouvernement,
peu importe qu'elle fût préméditée ou involontaire,
rendait impossible l'existence de la République transcau-
casienne, d'autant plus que des événements inattendus se
déroulaient à cette même époque à l'extérieur. La République se disloqua. La Géorgie se retira la première, le
26 mai 1918 et forma, ce même jour, une République
géorgienne, après laquelle furent aussitôt constituées,
dans les limites de la Transcaucasie, la République
azerbaïdjanienne et la République arménienne.

IV

Le Gouvernement de la République d'Azerbaïdjan
et sa Capitale. - La ville de Bakou.

AUSSITOT après la proclamation de la République
indépendante d'Azerbaïdjan, le Conseil National
forma son Gouvernement comprenant 12 ministres, originaires de la contrée, ayant fait leurs études supérieures
dans les universités et les écoles techniques spéciales en
Russie ou à l'étranger.

Aussitôt créé, le Gouvernement azerbaïdjanien (résidant provisoirement à Elisabethpol-Gandja) dut, avant tout, prendre des mesures sérieuses pour délivrer la ville de Bakou et sa région des bolcheviks qui s'en étaient emparés au mois de mars 1918.

Bakou, ville universellement connue par ses richesses pétrolifères, est la capitale naturelle de l'Azerbaïdjan.

Cette ville fut, même au temps de la domination russe, non seulement le centre économique, mais également le noyau intellectuel, religieux et politique de la société musulmane du Caucase. Toutes les organisations tant soit peu importantes, telles que Sociétés de bien-faisance, œuvres d'instruction publique et politiques, organes de la presse, etc., tout fut fondé et se trouve encore établi actuellement à Bakou. C'est également là que se concentrent les meilleures forces intellec-tuelles du pays : professeurs, médecins, avocats, publi-cistes.

D'origine très ancienne, Bakou fut de tous temps une ville musulmane, elle l'est restée jusqu'à nos jours en dépit de toutes les fluctuations de la fortune. La citadelle de la ville, renfermant le palais et les tombeaux des Khans, la tour légendaire « de la Vierge » (Kiz-Koulessi), tous ces monuments, témoignages vivants de l'histoire du peuple, prouvent l'antiquité de la ville.

La plus grande partie des terrains et des immeubles de la ville appartenaient et appartiennent encore aux habitants originaires de la région. C'est à eux également qu'appartient la majeure partie des sources pétrolifères situées aux environs de Bakou ; de même qu'une quantité considérable d'entreprises pétrolières.

Et pourtant ce n'est pas le côté matériel qui intéresse

le plus la population indigène, ce sont surtout les traditions et les souvenirs cultuels et historiques rattachés à
cette contrée. Non loin de Bakou se trouvent des tombeaux sacrés vénérés des musulmans, notamment celui du
saint Bibi-Eybat, qui donna son nom aux riches puits de
pétrole.

Ce n'est donc pas sans raison que le peuple fit de
Bakou, centre de la vie économique, intellectuelle, religieuse et politique, sa capitale.

L'avenir du nouvel Etat azerbaïdjanien est si étroi-
tement lié à cette ville que l'existence de la République
serait inconcevable sans elle, comme le serait celle d'un
être humain dépourvu de tête.

Il est donc facile de comprendre pourquoi les représentants de l'Azerbaïdjan, réunis à Constantinople,
adressèrent, le 12 septembre 1918, une protestation éner-
gique à l'ambassade d'Allemagne. Cette protestation avait
pour objet certaines clauses complémentaires du Traité
de Brest-Litovsk, élaborées le 9 septembre par le gouvernement allemand et les bolcheviks. La troisième clause
était résumée en ces termes :

« Le gouvernement russe s'engage à renforcer l'in-
tensité des travaux de l'industrie pétrolière de la région
de Bakou afin de fournir à l'Allemagne le quart du produit total. »

Cet acte, inique juridiquement, dépourvu de fonde-
ment et manifestement injuste, est naturellement abrogé à
l'heure actuelle ainsi que le traité de Brest-Litovsk lui-
même. Il n'aurait en aucun cas été accepté par le gouvernement de la République de l'Azerbaïdjan.

Bien que la production du naphte surpasse les besoins
de la population, et que le gouvernement se voie forcé de

faire des arrangements avec les pays manquant de combustibles, afin d'attirer les capitaux étrangers, la République ne saurait admettre l'intervention de quiconque pour l'exploitation du naphte de la région de Bakou. L'immixtion étrangère équivaudrait au suicide de la République.

V

La lutte des Azerbaïdjaniens contre les Bolcheviks.
Agression des Arméniens en compagnie des Bolcheviks.

CE que nous venons de dire à propos de l'importance de Bakou explique suffisamment les rigoureuses mesures prises par le gouvernement de la République dans le but d'arracher la ville des mains des bolcheviks.

Le bolchevisme de Bakou n'était qu'une ramification du bolchevisme russe et était mené au début par des ouvriers, des employés, soldats et matelots russes, mais à la tête du mouvement se trouvaient un Arménien et un Géorgien.

Jusqu'au mois d'octobre, ce mouvement n'eut pas d'importance ; mais, à partir d'octobre, où Lénine et ses camarades devinrent les maîtres de la capitale de la Russie, les bolcheviks de Bakou se sentirent un point d'appui. Ils se mirent à attirer à leur cause, particulièrement, les soldats rentrés du front. C'était justement au moment de la désorganisation complète des troupes russes ; elles quittaient en masse le front du Caucase et de la Perse et les organisations bolchevistes de Bakou et de Tiflis retenaient les soldats pour en former leurs cadres.

On réquisitionnait les armes et on enlevait aux habitants tout ce que les soldats avaient le temps d'emporter. De cette manière, les bolcheviks de Bakou furent, en peu de temps, en possession d'importants dépôts de fusils, cartouches, mitrailleuses, canons, aéroplanes et automobiles, même blindées.

A ce moment là, l'anarchie complète régnait en Transcaucasie, à l'instar de la Russie. Les soldats qui rentraient du front, travaillés par la propagande bolcheviste, ne voulaient reconnaître aucune autorité. Il y eut en maints endroits des rixes sanglantes entre soldats et indigènes. Les chemins de fer ne fonctionnaient plus. La crise de l'alimentation se faisait sentir d'une façon de plus en plus aiguë.

Sous prétexte qu'un petit groupe de militaires musulmans voulait transporter quelques dizaines de fusils de Bakou à Lenkoran, les bolcheviks exigèrent que ces armes leur fussent livrées. Comme les musulmans refusaient, les bolcheviks ouvrirent le feu et, ne se contentant pas de coups de fusils, mirent en mouvement leurs mitrailleuses. Il y eut des blessés et des tués de part et d'autre.

Cet événement fit comprendre aux musulmans combien les bolcheviks leur étaient hostiles, cela les inquiéta et les agita. Un grand meeting eut lieu dans la cour de la mosquée Tasa-Pir, et on y décida d'exiger que les bolcheviks rendissent les fusils enlevés. Bien que ceux-ci eussent promis de rendre les fusils, l'atmosphère de la ville se chargea si rapidement que vers le soir de la même journée (17 mars 1918) la fusillade éclata des deux côtés. Le lendemain, 18 mars, dès le matin, les canons des navires de guerre furent braqués sur les quartiers musulmans et les mosquées même n'y furent pas épargnées. C'est ainsi qu'une terrible guerre civile commença à Bakou. Elle dura quatre jours, du 18 au 22 mars ; pendant ce temps, la population musulmane fut bombardée, fusillée, et brûlée avec toute la haine et la force destructive possible.

Dans cet épisode sanglant qui eut de si funestes conséquences pour les musulmans, le rôle prépondérant fut joué par les Arméniens qui se trouvaient à Bakou à ce moment, groupés là, comme partout ailleurs, autour de leur parti nationaliste par excellence « Dachnaktsoutioune ».

Les représentants de ce parti ainsi que ceux des autres partis arméniens, composant le Conseil national arménien, avaient, quelques temps avant les événements du 18-22 mars, engagé des pourparlers avec les représentants du Comité central musulman de la Transcaucasie, pour régulariser les relations politiques et nationales des deux peuples voisins. Malgré cela tous les « Dachnaktsoutioune » et même le parti modéré national-démocrate, se transformèrent en bolcheviks, ayant au milieu d'eux, les guidant peut-être, près de 7,000 soldats arméniens, qui, rentrés du front occidental, étaient restés sur place à la suite de l'arrêt de la circulation des chemins de fer transcaucasiens.

Ainsi qu'il fut établi plus tard, ces mêmes soldats participèrent à la guerre sociale, entreprise par les bolcheviks dans le but d'arriver au pouvoir; transformée par la population arménienne de Bakou en guerre nationale entre Arméniens et musulmans.

Fut-ce désir de partager le pouvoir des bolcheviks, vengeance nationale, ou suite de l'irritation causée par l'arrêt de la circulation et la pénurie des aliments ? Le fait

est que ce sont les Arméniens qui, sous le pavillon du bolchevisme , se ruèrent sur les musulmans et massacrè-
rent pendant les quatre effroyables journées de cau-
chemar, plus de 12,000 personnes, dont beaucoup de
vieillards, de femmes et d'enfants.

L'historien futur ne manquera, certes pas, d'étudier
cette question, mais dès maintenant on peut affirmer que
les Arméniens des autres régions ne pouvaient approuver
la conduite de leurs compatriotes de Bakou.

Action
agressive des
Arméniens.
La conduite des Arméniens, à l'égard de la population musulmane, fut plus qu'agressive dans le district
de Chemakha, les massacres des musulmans, les assas-
sinats de familles entières, les victimes fusillées, la des-
truction et les incendies de centaines de villages et de
l'ancienne ville azerbaïdjanienne de Chemakha, ont bien
fait voir que tous ces faits étaient l'œuvre des Arméniens seuls, et que les bolcheviks n'y étaient pour rien.

Et, en effet, les vrais bolcheviks se sont non seulement fait un paravent des Arméniens, mais firent entendre
des protestations contre la brutalité des « bolcheviks »
arméniens donnant libre cours à leur haine de race contre
les musulmans.

Guidées par l'arménien Chaoumian, chef du Soviet
des commissaires de Bakou, les organisations bolchevistes
s'étaient accrues de « Danaks » chauvins, qui réglaient
leurs comptes nationaux avec les Azerbaïdjaniens, sous
le couvert du bolchevisme.

La haine et la cruauté dirigées exclusivement contre
les musulmans ont fait naître de justes reproches et de
vives protestations chez les bolcheviks eux-mêmes et
chez les éléments non musulmans de la population.
C'est ainsi que le corps de l'Ecole d'aviation de Bakou,

exclusivement composé de Russes, ne cacha pas son
mécontentement au sujet de la conduite de ces « bolcheviks ».

Le régiment d'infanterie du Turkestan, faisant autrefois partie de l'armée russe, fut encore plus révolté. Se
trouvant par hasard à Bakou au moment des événements
du mois de mars, les officiers et les soldats de ce régiment,
leur commandant en tête, ont rédigé un ordre du jour
enjoignant de cesser les agressions de caractère nationaliste, contre les musulmans de Bakou. Ils mena-
çaient, en cas de refus, de prendre les armes contre les
coupables.

Les organisations « bolchevistes » arméniennes, se
sont naturellement empressées de se défaire du dit régiment, en lui facilitant son départ par mer, et en le ren-
voyant ainsi dans sa patrie.

Outre les organisations de toute sorte, toute la
presse « bolcheviste » se trouvait aussi entre les mains des
Arméniens : l'*Ouvrier de Bakou*, les *Nouvelles du Soviet des
députés, ouvriers, soldats et matelots de Bakou*. Grâce à cela,
non seulement la bourgeoisie locale, mais toute la classe
intellectuelle musulmane était journellement exposée aux
poursuites, et accusée d'appartenir au parti « contre-
révolutionnaire ». On confisquait les biens et on discré-
ditait les gens de toutes les manières possibles. Il en
résulta que la plupart des Azerbaïdjaniens quittèrent
Bakou et la région pétrolifère, ne trouvant pas d'autre
moyen d'échapper aux cruautés et aux actes de sauvagerie
de ces nationalistes arméniens « bolcheviks ».

Il est fort possible que cela fît partie du plan nationaliste de ces derniers : débarrasser la ville de ses vrais
propriétaires — les Azerbaïdjaniens — pour s'emparer

des richesses naturelles, et y régner ensuite en maîtres !

Ce plan existait pourtant, malgré sa folie, et il fut mis à exécution.

En voici une preuve :

Dans leurs violences contre les musulmans, les Arméniens de Bakou ont été secondés par les troupes arméniennes, dirigées par le Conseil national arménien (section de Bakou).

Ces troupes avaient à leur tête des gens de triste mémoire tels que AMAZAN, STÉPHANE LALAIAN, et d'autres qui se faisaient — puisque la situation l'exigeait — passer pour des bolcheviks de la garde rouge. Cependant, quand vint l'ordre de rattacher à la garde rouge toutes les troupes nationales et parmi elles les régiments arméniens, d'évacuer Bakou et la région voisine, les soldats arméniens commencèrent à s'agiter, sentant s'écrouler sous leurs pieds la force réelle qui les soutenait. C'est à partir de ce moment qu'on remarque, chez les Arméniens, une haine farouche contre les vrais bolcheviks de Bakou. Du reste, ces derniers furent bientôt renversés par les Arméniens qui s'arrogèrent tout le pouvoir jusqu'au moment de la prise de Bakou par les troupes azerbaïdjaniennes.

VI

Les Azerbaïdjaniens victimes des Bolcheviks. ~ Prise du pouvoir par les Bolcheviks.

LES événements sanglants du 18-22 mars ne s'étaient pas limités à faire plus de 12.000 victimes musulmanes. Les incendies avaient détruit des centres intellectuels et politiques d'une grande importance au point de vue moral, tels que : la Maison du peuple, de la Société musulmane de bienfaisance, siège social des comités de tous les partis politiques, et l'immeuble de la rédaction des journaux musulmans : *Kaspy*, paraissant en langue russe et *Atchigzess*, en azerbaïdjanien.

Les hommes d'action musulmans, les plus éminents, avaient été arrêtés et jetés en prison.

Mais, la conséquence la plus funeste de toutes fut l'avènement du pouvoir bolcheviste à Bakou et dans la région. On se mit en devoir de détruire toute l'œuvre de la civilisation. On annonçait, les unes après les autres, toutes espèces de socialisations : socialisation des richesses souterraines, des immeubles, des maisons de campagne, des jardins, vergers, etc.

Tout l'argent et tous les comptes-courant des banques locales furent proclamés propriété de la République des Soviets.

Non contents de la réquisition des immeubles, des locaux, des chevaux, du bétail et des automobiles, les bolcheviks en vinrent à réquisitionner les hommes — les uns furent contraints de s'engager dans les armées, d'autres d'exécuter certains travaux au profit de la République soviétiste. Bref, les principes communistes s'im-

plantaient par les moyens les plus grossiers et les plus
destructifs.

L'adaptation de ces principes fut particulièrement
douloureuse pour les musulmans, élevés selon les pré-
ceptes du « chariat » recommandant le respect des droits
et biens d'autrui. Ils durent supporter la grossièreté des
principes bolchevistes, endurer de cruelles souffrances
et de dures privations.

Les bourgeois et les intellectuels ne furent pas les
seuls à éprouver tous ces malheurs : les gens du peuple,
— de ce peuple dont les bolcheviks prétendaient défendre
les intérêts — eurent à en souffrir aussi. Même quand il
s'agissait de la distribution des vivres, on faisait une
différence entre les « nôtres » et les Azerbaïdjaniens,
considérés comme partisans de la « bourgeoisie » et de
la « contre révolution ».

VII

Mesures prises pour libérer Bakou des mains des Bolcheviks.

**Délivrance
de Bakou.**

LE gouvernement azerbaïdjanien, siégeant à Gandja
(Elisabethpol) n'ignorait pas la situation cruelle des
musulmans de Bakou et de sa région. La question de la
libération de Bakou l'inquiétait vivement. Il forma donc
des détachements militaires et demanda du secours à la
Géorgie. Cette dernière, préoccupée de ses affaires intérieures et ayant également à combattre les bolcheviks
chez elle, ne put offrir le secours nécessaire. Cependant,
les troupes bolchevistes occupaient la voie ferrée dans les
limites des districts de Bakou et de Guéoktcha, et s'avan-

çaient vers la station de Kurd-Emir avec l'intention de pousser jusqu'à Elisabethpol.

L'aide de la Turquie.

Dans cette situation désespérée, ne pouvant s'attendre à aucun secours et craignant la répétition de la tragédie de Bakou pour les autres contrées musulmanes, le Gouvernement de l'Azerbaïdjan, ayant le devoir de sauver sa population du danger qui la menaçait, n'eut d'autre ressource que d'appeler les Turcs. Grâce à ce secours, l'armée créée par le Gouvernement de l'Azerbaïdjan débarrassa des bolcheviks tout d'abord la ligne du chemin de fer, puis le district de Chemakha, et mit le siège devant Bakou. Ce siège dura près de deux mois et la ville fut prise, enfin, par les troupes azerbaïdjaniennes.

VIII

Le Gouvernement azerbaïdjanien
remet de l'ordre dans le pays bouleversé par les Bolcheviks.
Le Parlement de l'Azerbaïdjan.

Restauration.

La prise de Bakou délia les mains du Gouvernement azerbaïdjanien, qui se mit, avec un redoublement d'énergie, à rétablir l'ordre dans la province.

Un des problèmes importants fut celui de créer à nouveau l'organe de l'autorité législative, car, par suite de perturbations politiques et militaires, les séances du Conseil national azerbaïdjanien avaient cessé et par conséquent, la convocation de l'Assemblée constituante n'avait pu être réalisée.

Sur ces entrefaites, arriva l'armistice qui permit au

Gouvernement de l'Azerbaïdjan d'appliquer toutes ses forces à un travail plus pacifique.

Son premier soin fut d'envoyer à Engeli, ville persane, une mission officielle chargée d'entrer en pourparlers avec le général anglais Thomson, commandant en chef des troupes alliées, pour lui demander de faire son entrée à Bakou. Celle-ci eut lieu le 17 novembre 1918. Une réception solennelle fut organisée en l'honneur du général, représentant les armées alliées ; il fut accueilli par le représentant du Gouvernement.

Peu après, le général Thomson publiait une proclamation, où, parlant de l'arrivée des troupes alliées, il assurait que ces dernières ne poursuivaient qu'un but : ramener la paix entre les différentes sections de la population du territoire de l'Azerbaïdjan. Il enjoignait à tous les habitants de se soumettre désormais au pouvoir du Gouvernement azerbaïdjanien.

Antérieurement à cet événement avait été convoqué le Parlement azerbaïdjanien, qui remplaçait l'Assemblée nationale (1). Il avait été élu au suffrage universel, avec représentation des minorités, grâce à quoi, à côté des députés de la majorité musulmane, figurèrent également 21 députés arméniens et 10 russes ainsi que des représentants polonais, juifs et ceux des autres peuples habitant la contrée.

Le Parlement azerbaïdjanien, composé de 120 membres, avait des droits étendus dans la sphère législative, de même que dans celle de l'activité administrative à l'aide du droit d'interpeller le Gouvernement et d'en exiger des explications.

(1) Il sera peut-être intéressant de rappeler que c'est la première élection à laquelle la femme musulmane ait pris part.

C'est encore le Parlement qui prépare la convocation de l'Assemblée constituante qui devait fonder les lois organiques de la République.

C'est au Président du Parlement qu'appartient, jusqu'à la convocation de ladite Assemblée, le droit de choisir un chef de Gouvernement et de charger le premier ministre de la formation du Cabinet. Enfin, de même que le Parlement compte parmi ses membres des représentants des autres nationalités, il est convenu que le Cabinet devra contenir des membres arméniens et russes.

L'activité de tous les ministères, de toutes les institutions de l'Etat — administratives, juridiques, financières, instruction, voies de communications, sans exclure le ministère des Affaires étrangères, — doit être soumise au contrôle du Parlement. Le même droit lui appartient sur le ministère de la Guerre, qui dispose actuellement d'une armée de 5o,ooo soldats, très bien organisée, comprenant toutes les armes, et composée exclusivement d'indigènes de l'Azerbaïdjan.

C'est encore d'après l'initiative et le vote du Parlement que fut créée la présente Délégation de Paix de la République de l'Azerbaïdjan, ayant pour tâche d'exposer devant la Conférence de la Paix, à Paris, tous les intérêts de ladite République, et de plaider tout particulièrement la cause de sa reconnaissance par les Puissances.

IX

Composition de la République de l'Azerbaïdjan.

L'AZERBAIDJAN du Caucase embrasse le territoire des Khanats, énumérés plus haut, qui maintinrent leur indépendance jusqu'en 1813-1828. Sous la domination russe le pays fut divisé, comme du reste tout le Caucase, pour les buts du Gouvernement, en unités administratives séparées portant le nom de gouvernements ou de régions. Ces derniers furent à leur tour subdivisés en districts et arrondissements.

Voici les unités administratives qui composent l'Azerbaïdjan du Caucase : I. *Le Gouvernement de Bakou* tout entier, avec la ville de Bakou et sa région [1] et les districts de Bakou [2], Djevad [3], Ghéoktchaï [4], Chemakha [5], Kouba [6], Lenkoran [7] ; II. *Le Gouvernement d'Elisabethpol (Gandja)*, dont font partie les districts d'Elisabethpol (Gandja) [8], Djevanchire [9], Nouha [10], Arèche [11], Choucha [12], Djabraïl [13], Zanguézour [14], et Kazakh dont la partie montagneuse est le sujet d'un litige entre l'Azerbaïdjan et la

République arménienne [15] ; III. *Le Gouvernement d'Erivan* avec les districts de Nakhitchévan [16], Charouro-Daralagueuz [17], Sourmali [18] et une partie des districts de Bajazed-Nouveau [19], Etchmiadzin [20], Erivan [21], Alexandropol [22] ; IV. Dans le *Gouvernement de Tiflis*, certaines contrées des districts de Bortchalou [23], Tiflis [24] et Signakh [25] ; V. *L'Arrondissement de Zakatal* ; VI. Dans *la Région du Daghestan*, une partie du territoire renfermant les régions de Kourine [26] et Samour [27], ainsi qu'une partie de l'arrondissement de Kaïtago-Tabassaran [28] avec la ville de Derbent et sa région.

27

Dans les districts énumérés ci-dessus des *Gouverne-ments d'Erivan et de Tiflis*, de même que dans l'arrondissement de Zakatal, il se trouve des territoires parfois peu considérables en étendue, dont l'Azerbaïdjan, l'Arménie, la Géorgie et le Caucase septentrional se disputent la possession.

Pour ce qui est de *la Région du Daghestan*, sa population, dont une partie est apparentée aux Azerbaïdjaniens, a toujours eu une tendance à s'associer à l'Azerbaïdjan. Des intérêts économiques la relient si fortement aux villes de Kouba et de Bakou qu'il serait difficile de se représenter l'existence du Daghestan s'il était privé de ce lien politique et économique. Les habitants en ont fourni la preuve en adressant au gouvernement de l'Azerbaïdjan des suppliques pressantes où ils le priaient d'annexer le Daghestan à l'Azerbaïdjan jusqu'à la rivière Soulak.

Il va de soi que le Gouvernement azerbaïdjanien ne saurait négliger la prière aussi clairement exprimée d'un voisin apparenté, dont le sort est lié de si près au sien, et qu'il sera obligé d'aller au-devant de la volonté du Daghestan, reconnaissant que les sentiments de fraternité unissant ces deux pays, exigent des soins tout particuliers pour la meilleure organisation de la vie politique et économique de ses proches voisins.

A ce point de vue toutes les questions de conflits territoriaux ou limitrophes pouvant éclater, de même que toutes les questions touchant en général au sort politique du Daghestan devront être résolues d'un commun accord avec la République du Caucase septentrional.

En plus des provinces et régions énumérées, la République azerbaïdjanienne se croit en droit d'ajouter à son territoire une partie du district d'Akhaltzik dans le gouvernement de Tiflis, *la région de Batoum* et surtout celle *de Kars*. Les habitants surtout de ces dernières régions appartiennent au même groupe ethnographique, leur religion, leurs mœurs, leurs coutumes, leurs façon de vivre sont absolument conformes à ceux des Azerbaïdjaniens. On comprend donc pourquoi les musulmans de ces régions envoyèrent à plusieurs reprises des pétitions au Gouvernement azerbaïdjanien, le priant de les faire inclure dans le territoire de l'Azerbaïdjan. Ces demandes sont devenues particulièrement pressantes depuis que les troupes turques ont abandonné la contrée, que les Gouvernements et les Parlements locaux ont été supprimés par les représentants du commandement des Alliés et depuis que leur pays a été partagé entre les Républiques voisines : l'Arménie (Kars) et la Géorgie (Ardahan).

La République azerbaïdjanienne considérant ce partage comme arbitraire, trouva opportun de protester énergiquement contre l'injustice d'un acte pareil, contraire à la volonté de la population aborigène qui avait clairement exprimé son refus de se soumettre au pouvoir des républiques voisines. Cette population s'adressa donc, comme on vient de le lire, au gouvernement de l'Azerbaïdjan, le priant de l'inclure dans le territoire de la République azerbaïdjanienne.

Ces considérations obligent notre République à déclarer que la population des régions de Batoum et de Kars, ainsi que celle du district d'Akhaltsik, sont appelées à décider de leur avenir selon leur gré et que la création d'une république indépendante serait, à son avis, le meilleur moyen de résoudre cette question tout en répondant aux désirs et aux intérêts de la population des régions en question.

Ce n'est qu'au cas d'une solution défavorable que l'Azerbaïdjan pourrait, avec plus de droit, faire valoir ses revendications sur ces pays qui ont accès à la mer. Nous en parlons dans le supplément sur la situation financière et économique de l'Azerbaïdjan.

La République azerbaïdjanienne, défenseur de la volonté de la population indigène, vu les sentiments d'amitié de cette dernière à l'égard de sa voisine, la République géorgienne, pourrait, par exemple, au moyen d'un referendum, régler les discussions de territoires ou de frontières existant entre les deux républiques.

X

Territoire et nombre d'habitants de la République de l'Azerbaïdjan.

Étendue du territoire. L E supplément annexé au présent Mémoire contient des renseignements exacts sur l'étendue du territoire, la statistique des habitants et la description des frontières.

On y verra d'après la carte incluse que *le territoire de l'Azerbaïdjan*, actuellement soumis au gouvernement républicain, est limité à l'Est par la Mer Caspienne, au Nord par le Daghestan, le Caucase septentrional et la Géorgie, à l'Ouest par la Géorgie et l'Arménie, et au Sud par la Perse.

Le territoire soumis de fait au gouvernement de la République azerbaïdjanienne occupe 83.278,66 verstes carrées (1) ou 94.137,38 kilomètres carrés. Cet espace

(1) La verste vaut 1,067 mètres.

représente près de 39 o/o de toute l'étendue de la Transcaucasie, égale à 217.408 verstes carrées ou 247.376
kilomètres carrés.

En y ajoutant les terrains non encore en possession de l'Azerbaïdjan, on obtiendra une étendue de
132.003,25 verstes carrées ou 150.184,88 kilomètres
carrés, ce qui forme 60 o/o de toute la Transcaucasie.

Population. *Le nombre des habitants* de la République azerbaïdjanienne correspond aux données territoriales exposées.

Les renseignements sur le nombre des habitants sont
puisés dans la statistique officielle, qui a toujours souffert
du manque d'exactitude et du retard de ses chiffres.
Ainsi, le dernier recensement eut lieu en Russie en 1897.
Nous devons, malheureusement, nous baser sur les données de ce recensement en y ajoutant l'accroissement de
la population depuis vingt années et en corrigeant le chiffre du recensement russe de 25 o/o pour la province
d'Azerbaïdjan. Nous obtiendrons alors, pour toute la
Transcaucasie, le chiffre de 8.081.668 habitants des deux
sexes, dont plus de la moitié revient à l'Azerbaïdjan, ce
qui fait 4.617.671 habitants.

De ce nombre, 3.481.889 Ajerbaïdjaniens musulmans proprement dits, 798,312 Arméniens, 26.585 Géorgiens et 310.885 de nationalités diverses (Russes, Allemands, Juifs, etc.) Les tableaux statistiques et les cartes
annexées, accompagnées d'explications détaillées, donne-
ront une juste idée du nombre et de la composition ethnique de la population de la Transcaucasie et de l'Azerbaïdjan en particulier.

Ces commentaires souffrent, toutefois, de la caractéristique des données de la statistique officielle russe.

XI

Richesses naturelles de l'Azerbaïdjan.

L E territoire de l'Azerbaïdjan est si largement gratifié de richesses naturelles que la jeune République azerbaïdjanienne, en temps normal, est capable de subvenir aux besoins du peuple et de l'Etat, par ses propres moyens.

Naphte. En premier lieu, nous devons nommer une source aussi riche pour les revenus de l'Etat que l'*industrie pétrolière* de la région de Bakou, si fameuse par l'abondance et la renommée de ce produit.

S'étendant sur une superficie de 1.500 dessiatines (1), l'industrie existant actuellement donne, annuellement en moyenne, de 550 à 600 millions de pouds de naphte et surpasse de 50 o/o la quantité de ce même produit extrait à Lima et en Pensylvanie.

Une partie considérable de cette quantité vient des terrains appartenant à l'Etat azerbaïdjanien qui, outre la région de Bakou, dispose encore de terrains pétrolifères dans les districts de Bakou, de Chemakha, de Djevat, etc., terrains dont l'exploitation, actuellement, est presque nulle et qui restent à l'état de réserve.

76 o/o du naphte est extrait des terrains de l'Etat.

Plus d'une centaine d'usines de Bakou tirent de la quantité de naphte extrait 230 millions de pouds de pétrole, dont 70 millions seulement sont exportés dans la Russie centrale ; le reste, 160 millions de pouds formant le tiers de toute l'importation de ce produit en Europe, était exporté à l'étranger.

Si l'on ajoute à cela les centaines de millions de

(1) Une dessiatine : 109 ares 25 centiares ; un poud : 16 kilogrammes 38.

pouds de résidus de naphte et des dizaines de millions de
pouds d'essences volatiles, d'huile légère et de dégras
d'huile lourde constituant également des produits d'expor-
tation, on se fera une idée de l'importance de cette industrie
pour les revenus de l'Etat. Les contributions indirectes
perçues par l'Etat sur le naphte de Bakou sont à elles seules
prévues dans le budget du Gouvernement d'Azerbaïdjan
pour 1919, pour la somme de 125 millions de roubles.

Coton.

Ensuite viennent *les plantations de coton* de Mougan
et d'autres régions du pays, plantations ayant une superficie de plus de 130.000 dessiatines et fournissant jusqu'à
5 millions de pouds de coton brut.

Sériciculture.

La sériciculture, autrefois florissante en Azerbaïdjan,
atteint, aujourd'hui encore, 200.000 pouds de cocons
bruts utilisés par plus de cent filatures de soie qui produisent annuellement pour 5 à 6 millions de roubles de
fils de soie.

Pêche.

La pêche pratiquée sur les bords azerbaïdjaniens de
la mer Caspienne, de l'embouchure du Samour jusqu'à
Astara, sur une étendue de 600 verstes, et les pêcheries
de la Koura et de l'Arax procurent des dizaines de
millions de poissons de différentes sortes, et ce qui est
particulièrement important, de gros poissons et plus
de 100.000 pouds de caviar précieux, sans parler de
la colle de poisson, etc.

**Vignobles
et vergers.**

Les vignobles et les vergers des districts d'Elisabethpol,
de Nouha, de Chemakha, de Bakou, de Kouba, etc., occu-
pent 50.000 dessiatines et produisent de 8 à 10 millions
de pouds de raisin, dont on tire jusqu'à 7 millions de
seaux de vin (1).

Dans tous les districts, de même que dans les provin-

(1) Un seau ou védro vaut 12 litres 29.

Céréales.

ces de Bakou, Gandja et autres régions de l'Azerbaïdjan, il se trouve un million et demi de dessiatines ensemencés de différentes *céréales* dont la production suffit pour la consommation de pain du pays.

Réglisse.

En certains endroits des régions mentionnées, on extrait de grandes quantités de racines de réglisse, jusqu'à 1.200.000 pouds par an, dont plus de la moitié est exportée en Europe et en Amérique et le reste en Russie.

Élevage.

L'élevage des bestiaux qui fut autrefois l'une des principales industries nationales a été fortement réduit par le régime défavorable de la Russie. Cependant même d'après les statistiques officielles russes, le bétail à cornes atteint le chiffre de 1.000.000, les chevaux 150.000, les buffles 300.000, les chameaux 12.000, les brebis et les chèvres 1.500.000, etc.

Le territoire de l'Azerbaïdjan, outre les sources de naphte, possède encore d'autres richesses *minières*. Malheureusement on commence à peine à les exploiter. Nous citerons en premier lieu le minerai cuprique : plusieurs usines produisent annuellement jusqu'à 300,000 pouds de cuivre.

Il existe en outre des gisements de pyrite, de soufre, d'amiante, d'argent, de manganèse, de cobalt, etc. Le pays abonde aussi en eaux *minérales* surtout sulfureuses. Les *forêts* y sont nombreuses.

Non seulement dans les campagnes mais aussi dans les villes, les terrains et en général tous les immeubles sont possédés par des Azerbaïdjaniens, et c'est également en leurs mains qu'est concentré à peu près tout *le commerce et toute l'industrie*; la ville de Bakou est le centre le plus important et le point principal de transit avec la Perse et l'Asie-Centrale.

Tous ces objets sont naturellement pour l'Etat des sources sûres de contributions. En y ajoutant encore une population de plus de quatre millions d'habitants, soumis à l'impôt sur le revenu, on peut aisément prédire que toutes les dépenses indispensables à la République azerbaïdjanienne seront largement couvertes par ses revenus.

Quelques données du budget 1919.

Le fait est confirmé par les tableaux statistiques du projet de budjet de l'Etat de la République azerbaïdjanienne pour 1919.

On constate que malgré la désorganisation produite par la guerre et par le bolchevisme, dans la vie économique du peuple ainsi que dans les finances de l'Azerbaïdjan, le budget annuel a pu néanmoins atteindre le chiffre de 665 millions de roubles, sans compter que dans le chapitre des dépenses nous voyons des rubriques telles que : « pour la restauration des villages, des villes et des exploitations agricoles dévastées : 130 millions de roubles; 30 millions de roubles, subvention momentanée à l'instruction publique ; organisation de l'armée : 80 millions de roubles ».

Un supplément intitulé : *Les Finances et la situation économique de la République de l'Azerbaïdjan* contiendra des données plus détaillées que la statistique ci-contre.

République de l'Azerbaïdjan du Caucase.

BUDGET DE L'ÉTAT
(1919)

REVENUS

NOMENCLATURE DES REVENUS	SOMMES EN ROUBLES
I. *Impôts directs :*	
Impôts fonciers, bénéfices de guerre, etc... ..	115.000.000
II. *Impôts indirects :*	
a) Droits sur les pétroles, huiles, graisses et essences et autres produits de distillation des naphtes	120.000.000
b) Tabacs et boissons.	100.000.000
c) Douanes	
III. *Impôts du timbre :*	
Sur les mutations, impôts sur les marchandises et bateaux dans les ports, impôts sur le transport des passagers et les transports de marchandises, des chemins de fer, impôts sur les assurances, etc... ..	15.000.000
IV. *Monopoles de l'État*	7.000.000
V. *Des biens et capitaux nationaux :*	
Exploitation des terrains pétrolifères, des pêcheries, des forêts, des terrains pour les plantations de coton	258.000.000
VI. *Exploitation des Chemins de fer de l'État*	50.000.000
SOMME TOTALE DES REVENUS..	665.000.000

DÉPENSES

NOMENCLATURE DES DÉPENSES	SOMMES EN ROUBLES
DÉPENSES ORDINAIRES	
1. Institutions supérieures de l'Etat. - Parlement.	7.000.000
2. Ministère de l'Intérieur..	20.000.000
3. — des finances	30.000.000
4. — de la justice	13.000.000
5. — des affaires étrangères..	10.000.000
6. — de l'instruction publique	45.000.000
7. — de la marine de guerre..	60.000.000
8. — des voies ferrées..	75.000.000
9. — de l'agriculture	45.000.000
10. — des approvisionnements.	17.000.000
11. — du travail..	10.000.000
12. — des postes et télégraphes	15.000.000
13. — du commerce et de l'industrie..	32.000.000
14. — de l'assistance publique.	15.000.000
15. Cour des comptes	6.000.000
16. Frais imprévus	15.000.000
TOTAL DES DÉPENSES ORDINAIRES	415.000.000
DÉPENSES EXTRAORDINAIRES	
1. Dépenses pour la restauration des villes, villages et domaines particuliers	130.000.000
2. Dépenses pour la lutte contre les épidémies. ..	10.000,000
3. Dépenses pour le premier recrutement de l'armée	80.000.000
4. Subventions temporaires pour le ministère de l'instruction publique..	30.000.000
TOTAL DES DÉPENSES EXTRAORDINAIRES	250.000.000
TOTAL GÉNÉRAL DES DÉPENSES	665.000.000

XII

Droit de l'Azerbaïdjan à une existence politique indépendante.

Relations avec la Russie passée et future.

Relations avec les Républiques caucasiennes.

LES forces matérielles et intellectuelles et les conditions si avantageuses au point de vue économique de ce pays, sa situation sur la voie directe reliant les marchés européens au Caucase, au Turkestan, à Khiva, à Bukhara, à la Perse, à l'Afghanistan et par là à toute l'Asie centrale et aux Indes, sa population laborieuse, aimant le commerce et capable de faire progresser la civilisation et la vie sociale, la lutte que cette population eut à soutenir pour conquérir sa liberté nationale et politique, le fait que depuis plus d'un an il forme un Etat stable, toutes ces données répondant aux exigences de l'auto-disposition des peuples conformément aux principes du Président Wilson, nous donnent raison de croire que les Azerbaïdjaniens du Caucase, de même que les autres petits peuples, ont le droit imprescriptible à une existence libre et indépendante et que ce droit sera sanctionné par la Conférence de la Paix, ainsi que par les Puissances de l'Entente.

Deux questions viennent encore se poser naturellement, pour mieux éclairer ce qui vient d'être dit.

Ces questions sont :

1" Comment l'Azerbaïdjan, qui fit naguère partie de l'Empire russe, doit-il envisager les obligations passées et futures de la Russie ?

2° Quels devront être ses rapports avec les républiques caucasiennes voisines ?

Nous avons décrit ci-dessus comment le gouvernement tzariste avait agi envers la population de l'Azerbaïdjan. Les tendances russificatrices du Gouvernement étaient basées sur une profonde méfiance envers les Azerbaïdjaniens. Cette méfiance se faisait voir surtout dans la question du service militaire dont les musulmans étaient exclus, en échange de quoi ils étaient soumis à une contribution spéciale de guerre. Et cependant ce Gouvernement disait, jusque dans ses actes officiels, que les musulmans sont un élément pacifique, fidèle et sûr. On voit donc que même ce Gouvernement tzariste, pourtant si myope, ne pouvait nier des faits aussi incontestables que la participation et l'aide volontaire offertes par les Azerbaïdjaniens chaque fois que l'Etat était en danger.

Il suffira de citer comme exemple la guerre russo-japonaise et celle qui vient de s'achever. Les mêmes Azerbaïdjaniens qui, grâce à la méfiance qu'on leur témoignait, n'étaient pas admis dans les rangs de l'armée russe, ont équipé un détachement de volontaires, dont une partie succomba sur les champs de bataille en Mandchourie. La collaboration des Azerbaïdjaniens fut encore plus importante dans la guerre actuelle. Presque au début des hostilités, deux régiments composés exclusivement de volontaires azerbaïdjaniens, furent formés par ces derniers, et incorporés dans la célèbre « division des braves » qui, surtout en Galicie, fit des miracles de bravoure.

Outre cela, des postes importants et responsables étaient occupés, dans l'armée russe, avant la Révolution, par des généraux azerbaïdjaniens de grande valeur, comme, par exemple, le général Khan de Nakhitchevan, qui, à la tête de la cavalerie, envahit la Prusse orientale. Le général Mekhmandaroff, actuellement chef des troupes azerbaïdjaniennes, fut commandant du corps d'armée envoyé contre les Allemands aux environs de Riga ; le général Chikhlinsky, attaché à l'état-major du généralissime de toutes les armées russes, fut ensuite nommé commandant de la 9ᵉ armée par le gouvernement provisoire.

Viennent ensuite le général Oussouboff, chef de brigade, et plus de deux cents officiers de divers rangs et de différentes armes, dont beaucoup ont héroïquement péri ; d'autres ont eu la poitrine décorée de la Croix de guerre et ont reçu des épées d'honneur pour leurs actes d'audace et de courage.

La population azerbaïdjanienne, de son côté, ne s'est pas lassée, pendant tout le courant de cette guerre, d'y prendre part en faisant des quêtes, en recueillant des secours nécessaires aux soldats blessés et malades, en organisant des ambulances, des orphelinats, particulièrement nombreux à Bakou et à Gandja (Elisabethpol).

Tout cela n'était que l'obole que les Azerbaïdjaniens se faisaient un devoir d'offrir à la cause commune de la grande guerre libératrice.

Enthousiasmés par l'invocation à la libération des peuples opprimés et par l'idée de l'organisation d'une vie nouvelle d'après les principes de l'autodisposition, tous les peuples de la Russie d'autrefois étaient pénétrés de cet espoir et les Azerbaïdjaniens ne restaient pas en arrière. Ils demeurèrent fidèles durant cette dernière guerre, sans violer en quoi que ce fût leur loyauté envers l'Etat russe, qui continuait à ne voir en eux, malgré tout, que des allogènes devant payer les impôts et se soumettre au gouvernement sans avoir droit à la confiance et au respect dus à leur nationalité, à leur religion et aux exigeances cultuelles de leurs masses.

On pouvait supporter à contre-cœur cette façon d'agir envers l'âme d'un peuple effaçant sa physionomie nationale, ignorant ses besoins quotidiens et essentiels — façon d'agir aussi outrageante qu'imméritée — mais on ne pouvait jamais l'oublier.

Se souvenant avec indignation du pouvoir russe, aujourd'hui écroulé, et de son gouvernement, de funeste mémoire, c'est avec plus de décision encore que les Azerbaïdjaniens tiennent à leur autonomie sociale et politique.

Et c'est là, au point de vue de la mentalité des masses, le seul moyen de sauver les Azerbaïdjaniens de l'effacement complet de leur individualité et de la perte de leur nationalité dans des conditions absolument étrangères aux aspirations de l'esprit de leur peuple, comme le démontre, du reste, toute son existence de près d'un siècle sous le joug de la Russie.

La tournure des idées, les idéals, les vues politiques et culturelles, les aspirations des Russes, race slave, non seulement diffèrent sensiblement de ceux des Azerbaïdjaniens mais y sont souvent diamétralement opposés. C'est dans cette profonde différence de mentalité que se cachait toujours la source des malentendus et de l'ignorance mutuels. On ne se comprenait pas, et cette incompatibilité même prouve que les voies de ces deux peuples sont tout à fait contraires.

L'Azerbaïdjanien se représente le progrès humain comme l'évolution logique des bases déjà existantes, sans sauts, sans contrastes frappants contraires à la marche normale des événements de la vie morale, sociale et politique. C'est en cela que se révèle la différence essentielle entre les idées, la façon de vivre, l'esprit national des Russes et des Azerbaïdjaniens , résultat naturel des conditions climatériques, géographiques, ethniques, historiques, des mœurs et de la religion.

Ce que nous venons de dire détermine suffisamment les relations que nous pourrions avoir avec le futur Etat de la Russie.

Malgré le souvenir douloureux de cette vie séculaire en commun, nous souhaitons au peuple russe l'heureuse organisation de son Etat à venir, sur son territoire, dont l'Azerbaïdjan, qui ne reconnaît plus que son Parlement et son propre gouvernement, ne saurait plus faire partie.

Nous dirons, à ce propos, que les Azerbaïdjaniens ont prouvé leurs bons sentiments envers le peuple russe, proprement dit, et que, lors d'une période de restauration du pouvoir russe en Transcaucasie, les habitants russes de la contrée (voire les Tchinovniks) trouvèrent un bon accueil en Adzerbaïdjan, ainsi que des secours de toute sorte, et ne purent constater de la part des Azerbaïdjaniens que soins, attentions et respect pour le clergé orthodoxe.

Toutefois, les Azerbaïdjaniens tiennent à annoncer, comme l'a déjà fait la Délégation de Paix, lors de sa réception chez le président Wilson, le 28 mai dernier, que la jeune République azerbaïdjanienne, se charge de payer une partie de la dette de l'ex-Russie, dans les proportions qui lui incomberont d'après une juste répartition et les conditions élaborées par la Commission financière de la Conférence de la Paix.

Le point de vue de l'Azerbaïdjan sur les relations

avec les Républiques caucasiennes ses voisines, furent déjà exposées en *novembre 1918, lorsque notre Représentant diplomatique présenta au Commissaire plénipotentiaire de l'Entente à Constantinople un mémoire spécial.* Ce mémoire contenait, entre autres, le vœu de la République azerbaïdjanienne, « d'entretenir des rapports amicaux avec ses voisins séculaires : Géorgiens, Arméniens et montagnards du Caucase septentrional qui avaient fondé leurs Républiques en partant de ce même point de vue; la Délégation de Paix azerbaïdjanienne insiste sur le fait que tous ces peuples, indigènes caucasiens, sont liés entre eux par des intérêts communs bien divers, particulièrement importants dans la sphère économique.

Cette communauté d'intérêts est si grande que, malgré la différence des races, des religions et des langues, il serait difficile de se représenter une existence et un développement normaux des forces vitales de chacun de ces peuples pris à part; c'est pourquoi il est évident que le Caucase, géographiquement un, renfermé entre la mer Noire et la mer Caspienne et cerné par les monts du Caucase, doit être unifié sous telle ou telle forme économique et politique. Quelle sera cette forme d'union? L'aéropage, composé des représentants des nations du Caucase, sous l'égide de la Conférence de la Paix et la Ligue des Nations devra résoudre cette question.

La Délégation de Paix de l'Azerbaïdjan considère que la meilleure forme serait celle de la confédération des Républiques caucasiennes : l'Azerbaïdjan, l'Arménie, la Géorgie et les Montagnards.

Étant partisans de cette Union confédérative des Républiques caucasiennes, les Azerbaïdjaniens, de même que les montagnards du nord du Caucase, voient dans cette forme d'union, le meilleur moyen de mettre fin aux discussions nationales et territoriales. Ces discussions perdront leur âpreté, et, dans la vie commune des voisins séculaires, grâce aux concessions mutuelles au nom des intérêts communs auront, nous en sommes certains, un dénouement favorable au bonheur de tous les Caucasiens.

S'il se trouvait, toutefois, quelque question dont la solution paraîtrait trop difficile aux Caucasiens, l'arbitrage international de la Société des Nations leur viendrait en aide par sa voix autoritaire, et consoliderait encore plus l'unité et la solidarité des peuples du Caucase.

XIII

La Ligue des Nations. ~ Attitude des Azerbaïdjaniens. Appel aux Turcs pour la lutte contre les bolcheviks.

COMPRENANT toute l'importance du rôle d'un tribunal international comme celui de la Ligue des Nations, nous saluons sincèrement, au nom des Azerbaïdjaniens, sa conception et son organisation, ne doutant pas que nous, Azerbaïdjaniens, nous y aurons également notre place au nombre des autres peuples, afin de collaborer à l'œuvre pacifique des peuples, et de pouvoir contribuer, dans la mesure de nos forces, à atteindre le but noble et généreux de la Ligue des Nations pour le bien-être de l'humanité.

Nous sommes certains que, dans cet organe international de haute morale et de justice que sera la Ligue des Nations, nous trouverons nous aussi, Azerbaïdjaniens, des garanties et la défense de l'inviolabilité des droits de notre peuple qui a, comme nous l'avons déjà dit, toutes les forces matérielles et personnelles nécessaires à une existence politique indépendante, et au développement dans la famille des Nations, appelées à la vie par les grands principes wilsoniens, basés sur l'autodisposition des peuples.

Il est vrai que les millions d'Azerbaïdjaniens sont encore peu connus, leur ethnographie, leur histoire, leur littérature, leurs mœurs, n'ont été l'objet d'aucune étude approfondie. La grande faute en incombe à l'ancien régime russe, qui, durant un siècle, grâce aux persécutions que nous avons relatées, et grâce à ses autres défauts, tâchait de russifier de toutes manières le peuple azerbaïdjanien et à le priver de son caractère national.

Outre cela, un trait caractéristique propre aux Azerbaïdjaniens, c'est cette modestie qui les oblige à se tenir à l'écart de toutes les démarches sentant la réclame. Les Azerbaïdjaniens n'aiment pas et ne sont pas habitués à se faire de la réclame et de crier, *urbi et orbi*, leurs douleurs et les malheurs dont pourtant ils furent largement accablés et qu'ils supportaient toujours sans murmure, sans jérémiades dans la presse et dans la société, sans invocations aux puissants de ce monde, sans lamentations adressées à l'opinion publique des peuples et des Etats.

Cela peut être, à certain point de vue, considéré comme un défaut; en tout cas c'est un fait qui a causé beaucoup de mal à notre peuple, l'empêchant de manifester sa physionomie nationale. Cette circonstance fut également la cause des renseignements mensongers répandus par la presse européenne et américaine au sujet des Azerbaïdjaniens.

Les auteurs de ces informations agissaient tantôt au hasard, tantôt par ignorance du sujet qu'ils avaient la prétention de traiter en public, mais le plus souvent cela se faisait exprès, par ceux des éléments hostiles à notre peuple qui, dans leur aveuglement, voulaient nuire aux Azerbaïdjaniens de toutes les manières, croyant ainsi être utiles à leur propre nation.

Nous avons ci-dessus exposé comment les Azerbaïd-janiens participèrent aux guerres antérieures et à celle qui vient de s'achever en envoyant des détachements de volontaires dans l'armée russe.

Il est peu probable qu'on puisse inculper les Azer-baïdjaniens d'avoir eu recours aux forces militaires turques, pour lutter contre les bolcheviks.

Pour comprendre la nécessité de cette démarche, qu'on se représente la situation où se trouvait alors le Caucase et particulièrement l'Azerbaïdjan.

C'était à l'époque de la dislocation du Gouvernement caucasien. A ce moment-là le front du Caucase était com-plètement abandonné par les armées russes et les troupes étrangères affluaient en Transcaucasie. La capitale de l'Azerbaïdjan — Bakou — et quelques districts, se trou-vaient au pouvoir des bolcheviks qui, faisant toute sorte d'expériences communistes, détruisaient toutes les valeurs matérielles de l'Arzerbaïdjan et réquisitionnaient tout ce qu'ils pouvaient sans en exclure les Azerbaïdjaniens eux-mêmes, forcés de s'engager dans les rangs de l'armée rouge.

Leurs troupes avaient déjà atteint la station de Kurd-Emir et d'Oudjavra ; les villes de Chemakha, Lenkoran, Salian et Gheoktchaï étaient prises et Gandja (Eliza-bethpol), résidence provisoire du Gouvernement azer-baïdjanien nouvellement formée, était menacée.

On ne pouvait attendre du secours des proches voisins — Géorgiens, Arméniens et Caucasiens du Nord — tous étaient occupés de leurs désordres intérieurs.

Telle était donc la situation de l'Azerbaïdjan, menacé en outre par les bolcheviks du côté de la mer depuis Astrakhan et la Transcaspienne. N'ayant pas encore d'armée organisée, l'Azerbaïdjan avait été, après la débâcle de l'armée russe du Caucase, privé de ses armes dont les Géorgiens et les Arméniens s'étaient emparées afin de se les partager ; ne faisant partie d'aucun groupement de puissances, l'Azerbaïdjan fut donc contraint de s'adresser aux troupes turques dont l'intervention donna aux régiments azerbaïdjaniens, organisés à la hâte, la possibilité de se remettre, de prendre la ville de Bakou, et de délivrer des bolcheviks une des régions les plus peuplées et les plus fertiles, avec ses richesses de naphte et de poisson.

C'était donc une question de vie ou de mort. Ce ne fut que l'instinct de la défense qui suggéra aux Azerbaïdjaniens l'idée de s'adresser à la Turquie. Cette dernière ne se mêla du reste pas des affaires intérieures de l'Azerbaïdjan ; elle favorisait la formation d'une Confédération des peuples caucasiens. Ses troupes quittèrent les confins de l'Azerbaïdjan aussitôt que l'armistice fut signé par les Puissances de l'Entente.

XIV

La Délégation de Paix de l'Azerbaïdjan. - Tendances
à l'indépendance politique et espérances des Azerbaïdjaniens.

Nous avons exposé avec sincérité notre idée sur les opinions établies au sujet des Azerbaïdjaniens à propos des questions auxquelles nous venons de toucher.

Il ne nous reste plus qu'une question dont la « Délégation azerbaïdjanienne de Paix » considère comme son devoir de parler à la Conférence de la Paix.

Nous voulons relater les péripéties par lesquelles notre Délégation eut à passer jusqu'à son arrivée à Paris, résidence de la Conférence.

Notre Délégation arriva à Constantinople le 20 janvier de l'année courante et ne réussit à s'embarquer pour la France que le 22 avril. Durant ces trois mois, la Délégation a fait en vain des démarches pour recevoir l'autorisation de se rendre à Paris. De janvier à avril nous n'avons fait que réitérer nos sollicitations aux représentants politiques et techniques des Alliés, au sujet du visa de notre passeport, mais, chaque fois, nous recevions des réponses défavorables. Nous ne traçons ces lignes que pour expliquer à la Conférence la raison de la présentation si tardive de notre Mémoire.

Nous espérons pourtant que les grandes puissances de l'Entente ainsi que la Conférence de la Paix — seuls protecteurs de tous les petits peuples rappelés à la vie par les nobles principes du Président Wilson — prêteront toute leur attention à la cause de l'Azerbaïdjan du Caucase.

Nous osons être certains que la Conférence de la Paix et la Ligue des Nations qu'elle crée ne refuseront pas leur haute attention au présent Mémoire et reconnaîtront dignes de satisfaction les revendications des Azerbaïdjaniens, pleins du désir sincère d'une vie paisible, commune avec leurs voisins du Caucase dont la neutralité serait garantie, ainsi que celle de l'Azerbaïdjan.

Ce serait pour nous l'idéal de la vie sociale et politique raisonnable.

L'aspiration passionnée à cette vie, fondée sur des principes strictement démocratiques, le dévouement illimité et l'amour sacré de notre Azerbaïdjan, organisé en Etat républicain indépendant, voilà les sentiments qui emplissent les cœurs et les esprits azerbaïdjaniens. Ces sentiments sont si puissants que, malgré leur caractère pacifique, les Azerbaïdjaniens seraient prêts à prendre les armes pour défendre l'indépendance de leur patrie contre toutes les tentatives d'inclure l'Azerbaïdjan dans le nouvel Etat russe, que ce soit le pouvoir des Soviets ou celui des classes russes tendant à restaurer la « Russie Une et Indivisible ». Ni l'un ni l'autre de ces gouvernements, fussent-ils couverts du pavillon de la République fédérative ou de celui de l'Assemblée Constituante (où les Russes seront en majorité considérable) ne saurait être, pour nous, Azerbaïdjaniens, que des gouvernements étrangers d'esprit et de construction artificielle. Ce ne serait que nous imposer un ordre de vie politique et social qui nous est étranger et créer tous les malentendus aux conséquences manifestement négatives, résultat de l'anarchie qui règne actuellement, de gauche et de droite, dans les régions proprement russes, et qui se fera encore sentir pendant longtemps.

Revendications des Azerbaïdjaniens.

Nous voulons croire dans le soutien moral de la Conférence de la Paix et dans celui des Puissances de l'Entente, pour l'œuvre sacrée de :

1° La délivrance physique, économique et politique du Caucase, absolument séparé, et entre autre de l'Azerbaïdjan, de cette vie sociale et politique russe qui nous est étrangère et de cette anarchie dont nous venons de parler. Nous comptons sur ce soutien.

2° La reconnaissance des Etats qui, de fait, existent déjà au Caucase et dont l'Azerbaïdjan, République indépendante, fait partie.

Nous osons terminer notre Mémoire par cette affirmation que les qualités matérielles et morales de notre peuple, les dons moraux aussi précieux que l'amour du travail et de l'étude, l'attachement à l'ordre légal et aux principes de l'Etat, sont déjà une garantie de l'aptitude à l'existence indépendante de l'Azerbaïdjan, sous forme d'une République indépendante.

Pour ces raisons, la Délégation de Paix de la République de l'Azerbaïdjan a l'honneur de présenter à la Conférence de la Paix les revendications suivantes :

I

En sanctionnant la séparation de l'Azerbaïdjan du Caucase de l'ancien Empire russe, reconnaître l'Azerbaïdjan caucasien comme Etat absolument indépendant, sous le nom de " République démocratique de l'Azerbaïdjan ", dans les limites décrites ci-dessus et indiquées sur la carte jointe.

II

Admettre les représentants de la Délégation de Paix de la République de l'Azerbaïdjan, aux travaux de la Conférence de la Paix et de sa Commission.

III

Admettre la République de l'Azerbaïdjan au nombre des membres de la " Ligue des Nations ", sous la haute protection de laquelle cette République voudrait se placer comme les autres Etats.

P. HARAMBAT

Imprimeur

5, rue Saulnier, PARIS